Pequeños exploradores

Vamos a descubrir
ATENAS

Textos de Daniela Celli

Ilustraciones de Laura Re

QUERIDA FAMILIA:

¿Por qué llevar a los niños y a las niñas a un lugar lleno de ruinas, donde todo puede parecer anclado en un pasado lejano? La respuesta es sencilla: paseando por la Acrópolis descubrirán lo que significan la belleza y la perseverancia, escuchando los mitos aprenderán el valor de la inteligencia y la valentía, ante un atardecer en la caldera comprenderán que el mundo está lleno de poesía. Porque aquí mismo, se esconde una magia especial: ¡cada columna guarda recuerdos antiguos, cada ola tiene el sabor de una aventura única!

ESTE LIBRO GUIARÁ A VUESTROS HIJOS E HIJAS A DESCUBRIR LAS MARAVILLAS DE ATENAS Y DE GRECIA. ENTRE SUS PÁGINAS ENCONTRARÁN MAPAS, HISTORIAS Y LEYENDAS, ANÉCDOTAS Y CURIOSIDADES.
Dejad que os guíen por antiguos callejones e islas lejanas y miren el mundo con sus ojos, ¡porque nada es más valioso que un viaje compartido con alguien a quien amas!

A mi mamá, que me enseñó el valioso juego
de la felicidad y mucho más. Con amor infinito.

Daniela Celli

¡KALIMÉRA, BUENOS DÍAS, DEJA QUE ME PRESENTE!

Mi nombre es Glauka y soy una lechuza sabia, curiosa y... ejem, ¡también muy golosa!
Vivo entre las antiguas piedras de la Acrópolis, pero me encanta volar en busca de
historias, misterios y curiosidades.
¿Sabías, por ejemplo, que a los pies de la Acrópolis hay un pueblo secreto todo blanco, con
puertas y ventanas de colores y un montón de gatos dormilones? ¿Y que bajo el palacio
de Cnosos había un laberinto habitado por un monstruo mitad hombre y mitad toro?
Pues bien, si tienes curiosidad por saber más, te invito a acompañarme en un fantástico
viaje por las maravillas de Atenas y Grecia.

He preparado para ti cuatro divertidas rutas que nos llevarán a descubrir templos
y cuevas, pueblos e islas, con juegos, anécdotas y curiosidades.
Todo viaje empieza con un MAPA: obsérvalo bien porque es la clave para empezar
a soñar con cada aventura.

PREPARA TUS ALAS, PORQUE AHORA... ¡VOLAMOS!

ÍNDICE

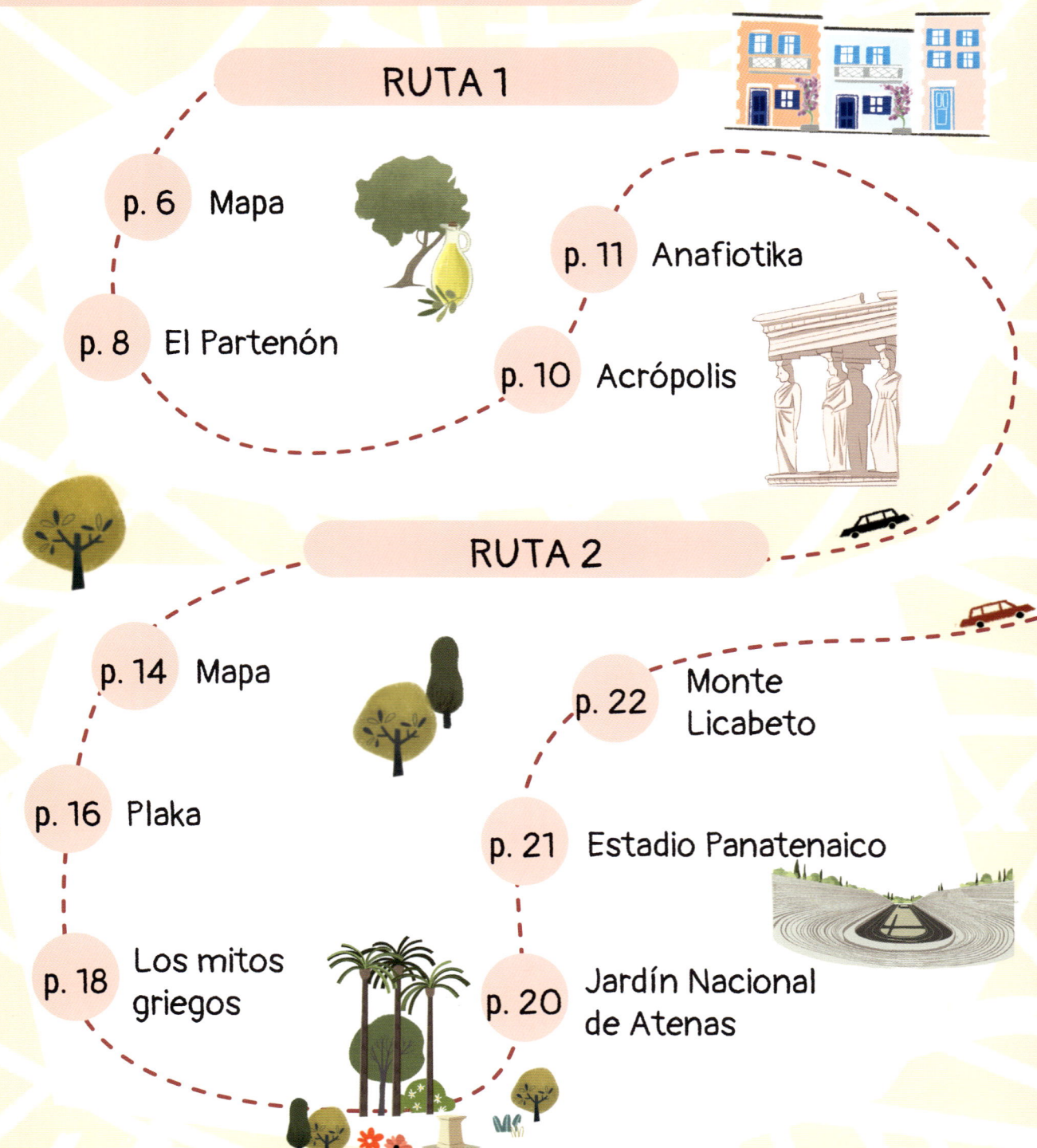

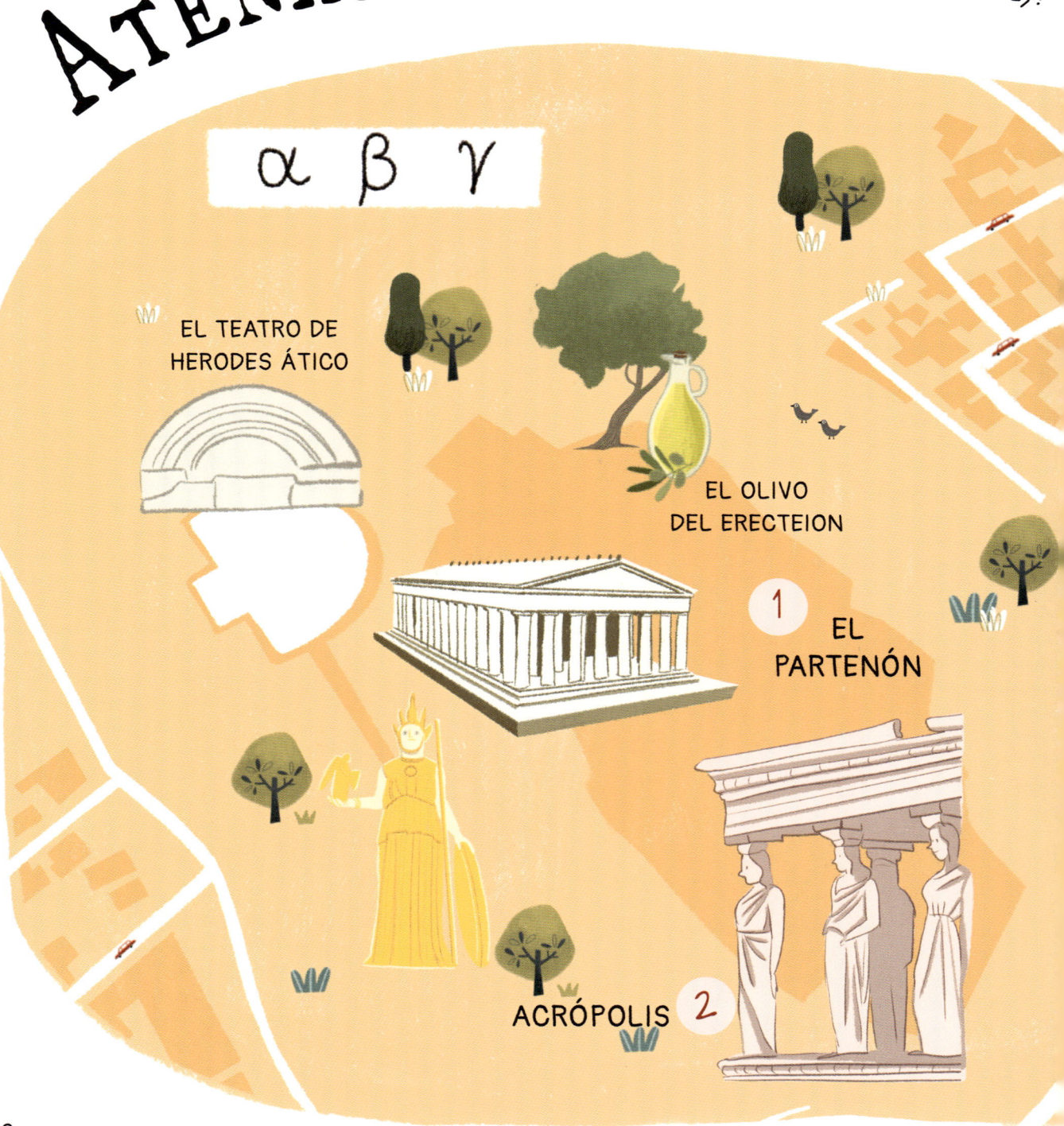

ATENAS

¡Kaliméra!
¿Todo listo para la primera peripéteia (aventura)?

α β γ

EL TEATRO DE
HERODES ÁTICO

EL OLIVO
DEL ERECTEION

1 EL
PARTENÓN

ACRÓPOLIS **2**

RUTA 1

Hoy empezaremos nuestra aventura en la cima de una COLINA ROCOSA, un lugar encantado que guarda leyendas y misterios antiguos. Con la mirada puesta en el mar y la hermosa luz que se refleja sobre los TEMPLOS, descubriremos el secreto de un OLIVO SAGRADO y de un grupo de hermosas MUCHACHAS DE PIEDRA. Desde aquí, después de escuchar un concierto en GRADAS ANTIGUAS, descenderemos bajo la ACRÓPOLIS para volar por los callejones de una «isla» llena de gatos.

3

ANAFIOTIKA

¿LOGRARÁS ENCONTRARLOS TODOS?

• Rotos pero no destruidos

Atenas es una ciudad muy antigua y la mayoría de sus monumentos se remontan a miles de años. Es natural entonces que muchos de ellos hayan sido dañados a lo largo de los siglos a causa de guerras y terremotos.

Afortunadamente, cada ruina que queda conserva recuerdos del pasado y sigue contándonos sus historias.

• Un alfabeto estelar

El griego no solo es una lengua muy antigua, sino que también tiene su propio alfabeto.

En lugar de nuestras letras A, B, C... se usan α (Alfa), β (Beta), γ (Gamma)... y así sucesivamente. Algunas parecen similares pero se leen de manera distinta, otras parecen símbolos misteriosos. Las letras griegas también se utilizan en matemáticas y ciencias e incluso...

¡PARA PONER NOMBRE A LAS ESTRELLAS!

EL PARTENÓN

Uuuuh, ¿todo listo para volar sobre uno de los monumentos
más famosos del mundo?

El Partenón es un majestuoso templo hecho de reluciente mármol blanco
que se encuentra en la Acrópolis, la gran COLINA ROCOSA que domina el
corazón de Atenas. Fue construido hace casi 2500 años para custodiar un
valioso tesoro, para recordar la victoria de los griegos sobre los persas y,
sobre todo, para albergar la gigantesca ESTATUA DE ATENEA, diosa de la
sabiduría, la guerra, las artes y protectora de la ciudad.

ATENEA ERA REPRESENTADA A MENUDO, EJEM, CON UNA LECHUZA,
SÍMBOLO DE SU SABIDURÍA Y SU MIRADA AGUDA.

• Sabiduría que vale su peso en oro

Con más de 12 metros de altura, la estatua de la diosa, hoy desaparecida, estaba hecha de madera y recubierta de marfil y 1137 kilos de láminas de oro. En caso de necesidad, las láminas podían desprenderse, constituyendo una valiosa reserva económica para la ciudad.

• El secreto de la perfección

¿Ves todas esas hermosas columnas altas y resistentes? Parecen rectas, pero en realidad... ¡no lo son! Para que el templo resultara perfecto a la vista, los diseñadores utilizaron algunos trucos ópticos efectivos como la curvatura de la base y la inclinación de las columnas.

¿LO SABÍAS? HUBO UN TIEMPO EN QUE TODAS LAS DECORACIONES DEL PARTENÓN Y OTROS MONUMENTOS DE LA ACRÓPOLIS ESTABAN PINTADAS DE COLORES BRILLANTES COMO EL AZUL Y EL ROJO.

¡OH, QUÉ MARAVILLA!

ACRÓPOLIS

La palabra Acrópolis deriva del griego *àkros pòlis* y significa CIUDAD ALTA.
Es un lugar sagrado que además del Partenón incluye los restos
de otros monumentos, historias y misterios muy antiguos.
Descubramos algunos de ellos.

• El olivo del Erecteion

Fue aquí mismo, donde se encuentra este hermoso templo dedicado a ATENEA, donde hace mucho tiempo tuvo lugar el desafío entre la diosa y el dios del mar POSEIDÓN.

Quien ofreciera el regalo más preciado a los habitantes protegería la ciudad.

Poseidón golpeó una roca con su tridente e hizo aparecer un caballo fabuloso. Atenea, en cambio, hizo nacer un olivo, el mismo que todavía hoy podemos ver: útil para comer, para iluminar, para curar y para elaborar el delicioso aceite griego.

EN TU OPINIÓN...
¿QUIÉN GANÓ?

• La logia de las cariátides

Las cariátides eran mujeres jóvenes de la ciudad de Caria, célebres por su belleza y sus danzas. Pero durante la guerra Caria traicionó a Atenas y por eso fue destruida. Desde entonces las muchachas cargan el peso de su elección sosteniendo la logia del Erecteion, como un recordatorio eterno de un triste destino.

• El teatro de Herodes Ático

HERODES era un hombre muy rico, pero también muy triste porque su amada esposa había muerto. Para recordarla, mandó construir un teatro en su honor donde los atenienses vestidos con togas y sandalias acudían a escuchar los conciertos.

HOY, EN ESAS MISMAS GRADAS QUE HAN ACOGIDO MILES DE APLAUSOS, TÚ TAMBIÉN PODRÁS SENTARTE Y, EN VERANO, ASISTIR A UNO DE LOS MARAVILLOSOS ESPECTÁCULOS BAJO LAS ESTRELLAS.

ANAFIOTIKA

Ponte tus *sandália* más cómodas y
¡descubramos el barrio más mágico de Atenas!

• Un pueblo secreto

Anafiotika es un pequeño barrio bajo la Acrópolis, un auténtico pueblo en el corazón de la ciudad. Caminando por sus callejones, encontrarás casas blanquísimas con puertas y ventanas azules, verdes y rojas, rodeadas de macetas. Y luego, escaleras y escalerillas que trepan por la colina; ¡casi parece un laberinto!

• Una isla en la ciudad

Hace casi dos siglos, los hábiles carpinteros de la isla de Anafi fueron llamados a Atenas para construir el palacio del rey. Pero la construcción llevó tiempo y los hombres se fabricaron casas bajas y muy blancas para vivir bajo la acrópolis como en su isla.

Por eso aún hoy el barrio se llama Anafiotika que en griego significa: lugar de los ANAFIOTAS.

• Calles sin nombre

Los callejones de Anafiotika son tan estrechos y entrelazados que, salvo algunas excepciones, la mayoría de ellos ni siquiera tienen nombre. Para orientarse, se hace referencia al número de calle de las casas: Anafiotika 1, Anafiotika 2... sencillo, ¿o tal vez no?

Busca y encuentra

1 gato durmiendo detrás de una maceta.
1 gato marrón con dos manchas blancas.
2 gatos iguales.
1 gato jugando en el tejado.

Hola de nuevo, ¡volamos hacia una nueva aventura!

4 MONTE LICABETO CON FUNICULAR

2 JARDÍN NACIONAL DE ATENAS

1 PLAKA

3 ESTADIO PANATENAICO

RUTA 2

Hoy empezaremos el día paseando por el centro histórico de Atenas, donde cantaremos, bailaremos y probaremos deliciosa comida callejera griega. ¡ÑAM ÑAM! Después de escuchar algunos de los MITOS más fascinantes sobre los dioses, nos relajaremos un poco en el PARQUE entre pavos reales y tortugas y, una vez descansados, estaremos listos para una hermosa CARRERA en un lugar verdaderamente grandioso. Finalmente subiremos a bordo de un EXTRAÑO TRENECITO para llegar a la cima del punto más alto de Atenas.

¿NOS PREPARAMOS PARA PARTIR?

• Pasan los años... la comida callejera permanece

La famosa comida callejera que se come mientras se pasea ya era conocida en los tiempos de la Antigua Grecia. Hace más de 2000 años, en las calles de Atenas se vendían pescado frito, aceitunas, quesos e higos secos y se ofrecían a los transeúntes en carritos. ¡Al igual como se hace hoy con el *souvlaki* o los *gyros*!

• El cambio de guardia

Cada día, a cada hora, tiene lugar la espectacular ceremonia del cambio de guardia delante del Parlamento helénico. Después de permanecer completamente quietos durante 60 minutos, los *Evzones*, los soldados de la guardia presidencial, marchan muy despacio, con movimientos precisos y solemnes, antes de ceder su sitio a otra guardia.

PLAKA

Exploremos uno de los barrios más antiguos de Atenas, un lugar donde la historia se vive, se escucha y... se come.

A los pies de la Acrópolis, bajando la colina del pequeño barrio de Anafiotika, se encuentra el antiguo centro histórico de Atenas. Plaka es un laberinto de callejas y callejones, tabernas, cafés antiguos, pequeñas iglesias, pérgolas floridas y gatos dormilones.

YO, EJEM... ¡PREFERIRÍA VOLAR UN POCO MÁS ALTO!

• Danzas y música en el barrio de los dioses

El barrio suele estar animado por artistas y músicos callejeros que tocan música tradicional griega con instrumentos antiguos. Mi favorito es el *Bouzouki*, similar a la mandolina pero con un sonido más tintineante. Cuando comienza el *sirtaki*, el famoso baile griego que hace *Tin tan tan tan, tin tan tan tan*, cada vez más rápido, ¡todos se ponen en fila y empiezan a bailar!

UNA PATITA A LA DERECHA Y UNA PATITA A LA IZQUIERDA... ME UNO AL BAILE, ¿Y TÚ?

• Comida callejera

Prepara el pico y el tenedor, porque mientras paseas por Plaka no podrás evitar llenar tu estómago con algunas sabrosas especialidades.

ESTAS SON ALGUNAS DE ELLAS:

- ***Souvlaki:*** brochetas de carne.
- ***Gyros:*** carne asada en un espetón vertical cortada a tiras y servida dentro de una *pita* (una especie de pan plano) junto con salsa *tzatziki*, cebolla, tomates cherry y patatas fritas.
- ***Koulouri:*** rosquilla de sésamo.
- ***Loukoumades:*** bolitas fritas dulces cubiertas de miel.
- ***Bougatsa:*** hojaldre relleno de crema pastelera.

17

¡DESCUBRAMOS ALGUNOS MITOS GRIEGOS!

• El nacimiento de Atenea

ZEUS, el rey de los dioses, estaba preocupado por una profecía que decía que el hijo que tendría con METI lo destronaría. Para evitar este destino, decidió tragarse a la pobre diosa.

Pero poco después, un terrible dolor de cabeza lo atacó. Para ayudarle, EFESTO, el dios del fuego, le golpeó la cabeza con un hacha. ¿Y adivinas qué salió de la herida?

¡SU HIJA ATENEA, YA ADULTA, ARMADA Y LISTA PARA CONVERTIRSE EN LA DIOSA DE LA SABIDURÍA Y LA GUERRA!

• Deméter y Perséfone

Un día, la hermosa hija de DEMÉTER, diosa de la agricultura, fue raptada por Hades y llevada en secreto a su reino, el inframundo. Deméter, desesperada y furiosa, detuvo el crecimiento de los cultivos, dejando a los mortales hambrientos. Entonces estos pidieron ayuda a ZEUS quien logró convencer a HADES para que mandara a PERSÉFONE de regreso a la tierra, donde la naturaleza inmediatamente empezó a florecer de nuevo. Pero Hades había dado a comer a la muchacha una semilla de granada mágica, para que cada año, de vez en cuando, regresara al inframundo.

Y ES POR ESO QUE LAS ESTACIONES SE ALTERNAN EN LA TIERRA.

• Teseo y el Minotauro

El MINOTAURO era un terrible monstruo, mitad hombre y mitad toro, que vivía prisionero en un intrincado laberinto en la isla de Creta. Cada año, Atenas debía enviar como tributo siete chicos y siete chicas, que eran sacrificados a la criatura. Un día, el joven príncipe TESEO decidió poner fin a esta crueldad y derrotar al monstruo. Con la ayuda de ARIADNA, la hija del rey MINOS, quien le dio un largo hilo para encontrar su camino, Teseo encontró al Minotauro, lo mató y regresó a casa como un héroe.

EN CRETA SE PUEDE VER EL PALACIO BAJO EL CUAL SE DECÍA QUE SE ENCONTRABA EL LABERINTO. SI TIENES CURIOSIDAD POR SABER MÁS, ¡VUELA A LA PÁGINA 42!

JARDÍN NACIONAL DE ATENAS

Sígueme entre las ramas, ¡te llevaré al antiguo jardín de la Reina!

El Jardín Nacional de Atenas es un gran oasis verde «escondido» en el corazón de la ciudad. Fue construido por voluntad de la joven reina AMALIA que amaba la naturaleza y la vida al aire libre y en 1838 quiso crear un parque lleno de plantas, flores y animales justo al lado del PALACIO REAL (que ahora es el Parlamento).

• Digno de una reina

El arquitecto que diseñó los jardines viajó por todo el mundo en busca de las especies vegetales más particulares y, gracias a la ayuda de la flota naval griega, regresó con 500 especies diferentes de plantas. Hoy, además de muchos árboles y plantas exóticas, el jardín alberga restos de antiguas ruinas romanas, estanques llenos de peces y tortugas y está habitado por patos y pavos reales.

ESTADIO PANATENAICO

Justo al lado de los jardines se encuentra el espectacular Estadio Panatenaico, el único en el mundo construido íntegramente en reluciente mármol blanco.

Con su particular forma de U, fue construido hace unos 2500 años para albergar las competiciones de los juegos panateneos que se organizaban cada 4 años en honor de la diosa ATENEA; era un evento grandioso que incluía carreras a pie, lucha libre y competiciones artísticas.

• El nacimiento de los Juegos Olímpicos
¡En 1896 el estadio albergó los primeros Juegos Olímpicos modernos! En el evento participaron 13 naciones compitiendo en 9 deportes diferentes ¡y fue Grecia la que ganó el mayor número de medallas en total!

¿CUÁNTAS CREES?

SI QUIERES SABER MÁS SOBRE LOS JUEGOS OLÍMPICOS, VUELA A LA PÁGINA 36

La respuesta es 47

MONTE LICABETO

Sígueme, ¡vamos a dar un salto hasta las nubes!

Con sus 277 metros, el MONTE LICABETO es el punto más elevado de Atenas. Desde aquí arriba se puede ver toda la ciudad con su alfombra de tejados, templos y olivos y a lo lejos el mar. Una vez estuvo completamente recubierto de bosques donde iban a refugiarse los lobos (*lykos* en griego significa lobo, socorrooo!), pero hoy esperan a los visitantes una pequeña iglesia blanca y un restaurante panorámico donde se puede disfrutar de un almuerzo con vistas y un buen postre.

¡ME ENCANTA EL *BAKLAVA*, UN POSTRE CRUJIENTE Y MUY DULCE CON NUECES Y MIEL! ¡QUÉ RICO!

• Un monte caído del cielo

Según una leyenda, hace mucho tiempo la diosa ATENEA transportaba volando una enorme roca hacia la Acrópolis cuando recibió una mala noticia.

ENFADADA, DEJÓ CAER LA INMENSA ROCA QUE LUEGO FORMÓ... EL MONTE LICABETO.

• Casi como tener alas

Se puede llegar al Monte Licabeto haciendo una agradable caminata a pie o... en funicular.

UNA MEZCLA ENTRE UN TREN Y UN ASCENSOR QUE DESDE 1930 SUBE DIRECTAMENTE POR UN TÚNEL OSCURO Y EN POCOS MINUTOS ¡TE LLEVA A LA CIMA!

Mis plumas tiemblan de emoción,
¡empezamos un nuevo día explorando juntos!

4
EL MUSEO
HERAKLEIDON

1
EL MERCADO
CENTRAL

3
EL TEMPLO
DE EFESTO

2
LA ESTOA DE ÁTALO

RUTA 3

Nuestra aventura de hoy empieza en un lugar colorido, sabroso y ruidoso donde aprenderemos algunas PALABRAS GRIEGAS y nos divertiremos buscándolas entre los PUESTOS. Luego volaremos entre las columnas de un TEMPLO muy antiguo y descubriremos las historias de algunos personajes griegos famosos. Finalmente, después de leer algunos «CÓMICS DE PIEDRA» nos transformaremos en inventores visitando un MUSEO muy especial.

¡*ÓPA*, NOS VAMOS!

• Aroma de Grecia

En Atenas, el tomillo está en todas partes. Perfuma las colinas, los caminos del campo y... las casas de los atenienses, que lo usan abundantemente para dar sabor a carnes, ensaladas y también a los deliciosos *saganaki*, *feta* cocinado al horno. ¡MMMHHH!

• No solo en la mesa

En la antigua Grecia, los atenienses acudían a los templos para hablar con los dioses. Llevaban ofrendas como miel, flores, dulces, frutas y a veces, ¡quemaban ramitas perfumadas de TOMILLO! El humo se elevaba hacia el cielo como un mensaje, para pedir protección, salud...

¡O SIMPLEMENTE DAR GRACIAS!

MERCADO CENTRAL

Ela, ela, venga, sígueme entre los puestos: aquí están los dátiles y
el feta, los higos secos, las aceitunas y las especias aromáticas.
¡Esto es algo para chuparse el pico!

También llamado *Varvakios Agora*, en honor al rico comerciante que donó los
fondos para su construcción en 1886, el Mercado central es un lugar colorido
y animado donde los vendedores gritan para atraer a los clientes y los gatos
merodean esperando un bocado. Aquí, turistas y locales se reúnen para comprar
alimentos frescos y disfrutar de deliciosos sabores tradicionales en medio del
crujir de las bolsas, el tintineo de las monedas y la inconfundible música griega.

¿QUÉ TE PARECE SI COMPRAMOS LOS INGREDIENTES PARA PREPARAR
UNA DELICIOSA SALSA *TZATZIKI*?

Receta de Tzatziki

- Lava 1 pepino, rállalo y escúrrelo bien para eliminar el agua.
- Añade un tarro de yogur griego.
- Un diente de ajo picado.
- Una cucharada de aceite de oliva.
- Una pizca de sal.
- ¡Mézclalo todo y tu salsa estará lista!

PUEDES COMERLA CON PAN *PITA* CALIENTE, PALITOS DE ZANAHORIA, ALBÓNDIGAS GRIEGAS O DENTRO DE UN SÁNDWICH CON *FETA* Y TOMATES.

ESTOA DE ÁTALO

Y ahora volamos hacia el Ágora, ¡la plaza principal de la antigua Grecia!

En el lado oriental del ágora se encuentra la Estoa de Átalo, un largo pórtico con columnas altas como gigantes que fue construido hace más de dos mil años por el rey ÁTALO II DE PÉRGAMO. Aquí era donde antaño se reunían comerciantes, filósofos y ciudadanos de Atenas, entre tiendas y espacios sombreados, para discutir, comprar y pasear. Hoy en día, alberga el MUSEO DEL ÁGORA, donde se pueden descubrir objetos antiguos y curiosidades sobre la vida cotidiana de la antigua Grecia.

• **Un poco de historia del arte**

Observa con atención las columnas de la Estoa.

Las COLUMNAS DÓRICAS son robustas y sin base, con estrías profundas.

Las COLUMNAS JÓNICAS tienen una base decorada y capiteles con volutas, como pequeñas espirales.

LOS FILÓSOFOS ERAN PERSONAS CURIOSAS QUE SE HACÍAN MUCHAS PREGUNTAS PARA COMPRENDER MEJOR EL MUNDO. ¡PASA LA PÁGINA PARA CONOCER A UNO DE LOS MÁS FAMOSOS!

¡DESCUBRAMOS A LOS GRANDES DE LA ANTIGÜEDAD!

• Sócrates.
Hacer preguntas es el primer paso para aprender

SÓCRATES, quien vivió en Atenas en el siglo V a.C., era un hombre que «sabía que no sabía nada» y trataba de descubrir la verdad haciendo preguntas: «¿Qué es el valor?», «¿Qué es la justicia?». Para encontrar las respuestas, conversaba con las personas por las calles de Atenas.

Un día, sin embargo, el filósofo fue acusado de corromper a la juventud y de no creer en los dioses y por eso fue condenado a muerte.

SÓCRATES ACEPTÓ LA SENTENCIA CON SERENIDAD Y BEBIÓ LA CICUTA, QUE ES UN VENENO MORTAL, MANTENIÉNDOSE FIEL A SUS IDEAS HASTA EL FINAL.

• Pericles.
El constructor de Atenas

PERICLES fue un importante jefe político ateniense que amaba el arte, la literatura y la belleza. Creía que todos los ciudadanos debían participar en la vida pública, e hizo construir edificios como el Partenón y el Erecteion, teatros y templos.

¡GRACIAS A ÉL ATENAS SE VOLVIÓ
AÚN MÁS HERMOSA!

• Hipócrates.
El padre de la medicina moderna

Hace mucho tiempo, los antiguos griegos creían que la gente enfermaba cuando los dioses estaban enfadados. HIPÓCRATES les enseñó que las enfermedades tenían causas naturales y no mágicas. Todavía hoy, quien quiera convertirse en médico debe realizar el llamado juramento hipocrático, en el que se compromete a ayudar a los enfermos con respeto y honestidad.

¡JUSTO LO QUE ÉL HIZO!

29

TEMPLO DE EFESTO

¿Ves cómo brilla bajo el sol?
¡Está hecho del mismo mármol que el Partenón!

En una pequeña colina en el corazón de Atenas se encuentra el templo de EFESTO, uno de los templos antiguos mejor conservados en el mundo. ¡Parece casi imposible, pero después de casi 2500 años sigue intacto! Si miras hacia arriba, justo debajo del tejado, puedes «leer» las historias esculpidas en el friso: también está el mito del nacimiento de ATENEA y el de TESEO y el MINOTAURO...

¿LOS RECUERDAS?

• Un homenaje a la creatividad

El templo está dedicado a EFESTO que era el dios de los herreros, el fuego y los constructores, siempre con un martillo en la mano y chispas saliendo de su taller. Dedicarle un templo era una muestra de respeto al trabajo, el ingenio y la fuerza de las manos que crean, reparan y transforman el mundo.

MUSEO HERAKLEIDON

¿Todo listo para ponerte en la piel de un brillante inventor?

El Museo Herakleidon es un lugar especial donde el arte, las matemáticas, la filosofía y la ciencia se unen de un modo sorprendente. Aquí encontrarás máquinas antiguas para probar, ilusiones ópticas, experimentos interactivos y exposiciones dedicadas a los grandes pensadores e inventores de la antigüedad como Arquímedes o Herón. Es un museo que te hace querer tocar, descubrir, experimentar.

YO SOY UNA LECHUZA CURIOSA, ¿Y TÚ?

• Un nombre mitológico

El nombre *Herakleidon* significa «descendientes de HERACLES», el héroe más fuerte de la antigua Grecia. Heracles (HÉRCULES para los romanos) era el hijo de ZEUS y se decía que era capaz de realizar hazañas imposibles. Al igual que el héroe, el museo pretende ser un lugar donde se celebre la fuerza de la mente, el ingenio humano y los descubrimientos extraordinarios.

Kaliméra, pequeño explorador o pequeña exploradora.
¿Todo listo para una última y emocionante aventura alrededor del país?

DELFOS
2

1

OLIMPIA

3
KALÁVRITA

4
CRETA

RUTA 4

Hoy dejaremos Atenas para explorar algunos de los maravillosos lugares de Grecia. Después de visitar la antigua ciudad donde nacieron los JUEGOS OLÍMPICOS y hacer una carrera a pie, volaremos a través de las montañas hasta el ombligo del mundo. A bordo de un viejo tren cremallera ascenderemos entre cuevas y montañas y, después de tanta tierra, hacia el MAR. Navegaremos hasta la isla del MINOTAURO, nos perderemos por las callejuelas blancas y azules de Santorini y viviremos una última *peripéteia* en Rodas, entre caballeros y... mariposas maravillosas.

¡*PÁME*, VÁMONOS, GRECIA NOS ESPERA!

• Un museo al aire libre

Dicen que en Grecia hay más estatuas que personas... Dondequiera que vayas, entre ruinas antiguas, plazas o museos, te encuentras con atletas muy fuertes, dioses y diosas de miradas misteriosas, filósofos pensativos y naturalmente... lechuzas. Las estatuas no se usaban solo como decoración, sino que también contaban historias, honraban a los héroes y protegían los templos. Algunas son muy altas, otras muy pequeñas, ¡pero todas con una historia por descubrir!

• Islas para todos los gustos

Grecia tiene más de 6000 islas, pero solo poco más de 200 están habitadas. La más grande es Creta, con montañas, gargantas y cuevas misteriosas. Una de las más pequeñas es Marathonisi, ¡toda verde y con forma de tortuga! Algunas islas son ventosas y perfectas para surfear, otras son tranquilas como lagos. Algunas tienen playas rojas, otras negras, otras doradas como la miel; cada isla griega es un mundo en sí misma...

¡TODO POR DESCUBRIR!

5
SANTORINI

6
RODAS

OLIMPIA

¡Flap flap, abre las alas y vámonos! Casi estoy tentada de inscribirme en la competición de salto de longitud...

Hemos llegado al PELOPONESO, la península al sur de Grecia que tiene forma de mano. Aquí, entre colinas y olivos, se encuentra la ciudad de Olimpia, ¡el lugar donde hace 2800 años nacieron los JUEGOS OLÍMPICOS!

Hoy, entre las ruinas antiguas, se puede pasear por la pista donde corrían los atletas, admirar las enormes columnas del Templo de Zeus y visitar el Museo Arqueológico, donde descubrir todos los secretos de los juegos que han fascinado al mundo durante siglos.

• Preparados, listos... ¡ya!

Inicialmente solo había una carrera. Los atletas tenían que correr sin ropa ni zapatos durante 192 metros sobre una pista de arena en el centro de un estadio con capacidad para 45 000 personas.

Hoy en día se conservan los cimientos y parte de los muros, pero la pista aún es reconocible.

¿HACEMOS UNA CARRERA PARA VER QUIÉN LLEGA PRIMERO?

• Una fiesta para Zeus

Todo empezó en el año 776 a.C. El protector de Olimpia era el gran Zeus y para rendirle homenaje no solo se acudía a su espléndido templo, sino que cada cuatro años se organizaba un festival en su honor que atraía a gente de todos los rincones de Grecia.

FUE EN ESTA OCASIÓN QUE, ENTRE DANZAS, CANTOS Y SACRIFICIOS, NACIERON LAS PRIMERAS COMPETICIONES, QUE COMBINABAN DEPORTE Y DEVOCIÓN.

¡PASA LA PÁGINA PARA SABER MÁS CURIOSIDADES SOBRE LOS JUEGOS OLÍMPICOS!

DESCUBRAMOS JUNTOS ALGUNAS «RAREZAS» OLÍMPICAS

• El fuego olímpico

Durante los juegos antiguos, se encendía un fuego sagrado dedicado a Zeus, que se mantenía vivo durante toda la duración de las competiciones.

AÚN HOY, LA ANTORCHA OLÍMPICA SE ENCIENDE EN OLIMPIA Y RECORRE UN LARGO CAMINO HASTA LA CIUDAD QUE ALBERGARÁ LOS JUEGOS OLÍMPICOS.

• Un premio valioso

Los ganadores no recibían medallas, sino una corona de olivo hecha de ramas entrelazadas que debían cortarse de un árbol sagrado con un cuchillo de oro, ¡por un niño con ambos padres todavía vivos!

LA CORONA SE COLOCABA EN LA CABEZA DEL CAMPEÓN COMO SÍMBOLO DE GLORIA ETERNA, RESPETO A LOS DIOSES Y ADMIRACIÓN DE TODA GRECIA.

• La carrera más «pesada»

Entre las carreras más curiosas de la antigüedad existía el *hoplitodromos*, ¡la carrera con armas!

LOS ATLETAS CORRÍAN CON UN CASCO EN LA CABEZA, UN ESCUDO PESADO Y GREBAS, ¡LA ARMADURA PARA LAS PIERNAS! TENÍAN QUE SER RÁPIDOS, PERO SOBRE TODO FUERTES Y RESISTENTES. ¡OLVÍDATE DE LA GIMNASIA LIGERA!

DELFOS

¡Sígueme entre las montañas, descubriremos un sitio arqueológico fascinante y misterioso!

En las laderas del Monte PARNASO, en el corazón de Grecia, se encuentran los restos de la antigua ciudad de DELFOS. Delfos era famosa por su oráculo y era considerada uno de los lugares más sagrados del país. Hoy se puede pasear entre sus fascinantes ruinas, visitar el Templo de APOLO, sentarse en las gradas de piedra del estadio o admirar la espléndida vista desde el teatro.

PONTE EN EL CENTRO E INTENTA RECITAR, ¡LA ACÚSTICA SIGUE SIENDO EXTRAORDINARIA!

• El ombligo del mundo

Los antiguos griegos decían que Delfos era el ombligo del mundo. Según la mitología, de hecho, para encontrar el centro exacto de la tierra, Zeus hizo volar dos águilas reales desde dos puntos opuestos y se encontraron... ¡justo aquí!

EN ESTE LUGAR SE COLOCÓ UNA PIEDRA SAGRADA LLAMADA *OMPHALOS* QUE EN GRIEGO SIGNIFICA «OMBLIGO».

• ¿Sabio o misterioso?

Un gran número de personas acudía a Delfos para hacer preguntas al oráculo de Apolo. La respuesta iba a cargo de la sacerdotisa Pitia, que hablaba en trance, ¡como si estuviera en un sueño! Sus respuestas eran enigmáticas y algo difíciles de entender: «El que corre despacio llega lejos...» o «Verás el sol incluso bajo la lluvia...»

PERO, A PESAR DE ELLO, ¡EL ORÁCULO DE DELFOS ERA CONSIDERADO EL MÁS PODEROSO Y SABIO DE TODOS!

PARA DAR GRACIAS, MUCHOS TRAÍAN VALIOSAS OFRENDAS QUE HOY PUEDEN VERSE EN EL MUSEO ARQUEOLÓGICO DE DELFOS.

KALÁVRITA

¡Agárrate fuerte, nos vamos a una fabulosa aventura!

Kalávrita es una pequeña ciudad escondida entre las montañas altas y los espesos bosques del norte del Peloponeso. Es un lugar fresco y lleno de naturaleza, perfecto para escapar del calor de las ciudades griegas.

AQUÍ SE PUEDE PASEAR POR EL BOSQUE, PROBAR DELICIOSAS ESPECIALIDADES EN TABERNAS TRADICIONALES, VISITAR LA MISTERIOSA CUEVA DE LOS LAGOS ¡O VIAJAR EN EL LEGENDARIO TREN CREMALLERA!

• Un viaje aventurero

Construido en 1896, este pequeño tren conecta Kalávrita con Diakopto atravesando las espectaculares gargantas del Vouraikos. Para subir y bajar los tramos más empinados utiliza una cremallera, un raíl especial con dientes de hierro que le ayuda a no resbalar. Es pequeño, lento, pero supera cascadas, puentes muy estrechos y túneles oscuros.

¿SERÁS LO BASTANTE VALIENTE?

• Aventura subterránea

A pocos kilómetros de Kalávrita se encuentra la Cueva de los Lagos, una caverna mágica que contiene 13 lagos subterráneos dispuestos en varios niveles. Para visitarla hay que caminar sobre puentes colgantes pasando entre estalactitas relucientes y galerías misteriosas. Según la leyenda, ¡la cueva era el refugio secreto de antiguos héroes y criaturas mágicas que guardaban tesoros escondidos en su interior!

¡CÓMO ME GUSTARÍA ENCONTRAR UNO!

Busca y encuentra

1 niño con mochila.
1 niña con linterna.
3 cabras montesas.
1 casco antiguo.
1 tesoro.

41

CRETA

Es hora de dejar el continente, ¡una isla legendaria nos espera!

Con sus 260 kilómetros de longitud, Creta es la isla más grande de Grecia. Una de sus principales maravillas es el palacio de Cnosos, donde vivía el poderoso rey Minos y debajo del cual se dice que se encontraba el laberinto del Minotauro. ¿Lo recuerdas?

PERO EN CRETA NO SOLO HAY HISTORIA Y LEYENDAS, SINO TAMBIÉN GARGANTAS Y MONTAÑAS AGRESTES, CIUDADES LLENAS DE ENCANTO Y PLAYAS DE ENSUEÑO.

• El paraíso rosa de Elafonissi

Esta maravillosa playa situada en la parte sudoccidental de Creta es famosa por sus aguas cristalinas y su playa... ROSA. El color particular de la arena se debe a la presencia de diminutos microorganismos que, mezclados con restos de conchas y fragmentos de coral, crean un efecto realmente único.

¿NOS PREPARAMOS PARA REMOJARNOS LAS PLUMAS?

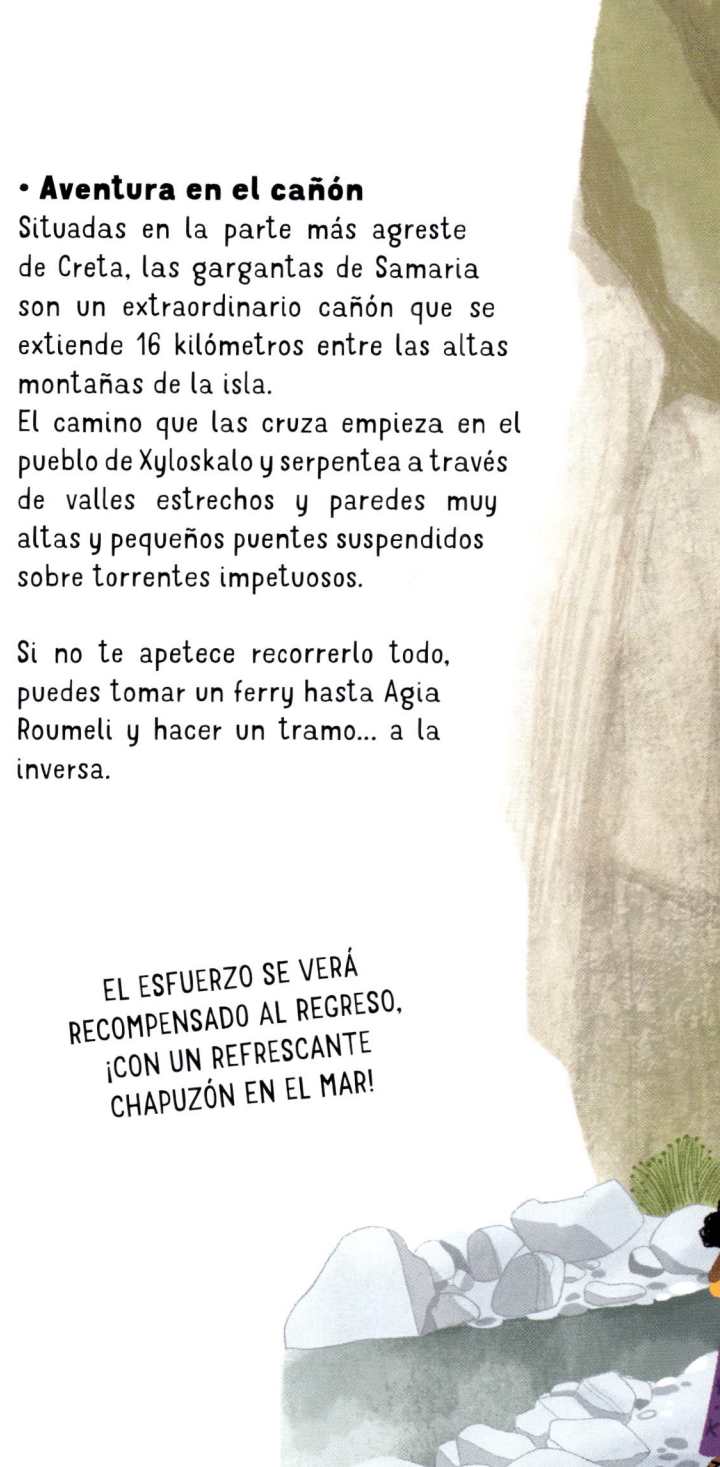

• Aventura en el cañón

Situadas en la parte más agreste de Creta, las gargantas de Samaria son un extraordinario cañón que se extiende 16 kilómetros entre las altas montañas de la isla.

El camino que las cruza empieza en el pueblo de Xyloskalo y serpentea a través de valles estrechos y paredes muy altas y pequeños puentes suspendidos sobre torrentes impetuosos.

Si no te apetece recorrerlo todo, puedes tomar un ferry hasta Agia Roumeli y hacer un tramo... a la inversa.

EL ESFUERZO SE VERÁ RECOMPENSADO AL REGRESO, ¡CON UN REFRESCANTE CHAPUZÓN EN EL MAR!

SANTORINI

¡Uuuuh! ¿Nos preparamos para volar a una isla volcánica?

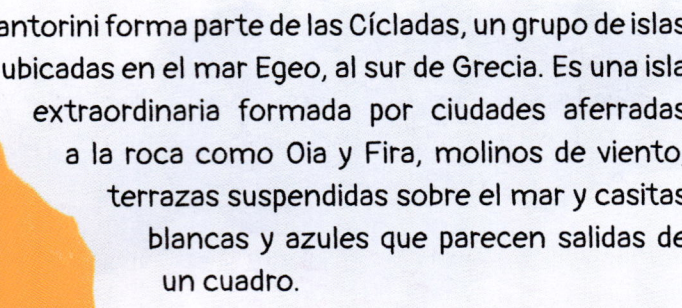

Santorini forma parte de las Cícladas, un grupo de islas ubicadas en el mar Egeo, al sur de Grecia. Es una isla extraordinaria formada por ciudades aferradas a la roca como Oia y Fira, molinos de viento, terrazas suspendidas sobre el mar y casitas blancas y azules que parecen salidas de un cuadro.

SUS ATARDECERES SON LEGENDARIOS Y SUS PLAYAS TAMBIÉN SON ESPECIALES: ¡BLANCAS, ROJAS, GRISES Y HASTA NEGRAS!

• Una isla nacida del fuego

Santorini no es una isla cualquiera: nació hace muchísimo tiempo a causa de un enorme VOLCÁN que explotó e hizo que el centro de la isla se hundiera, creando una especie de gran agujero circular lleno de agua: la caldera. ¡Se dice que aquí mismo, bajo el mar, se encuentra el misterioso reino perdido de la Atlántida!

SI ERES LO BASTANTE VALIENTE, PUEDES SUBIRTE A UN BARCO, ATRACAR EN NEA KAMENI ¡Y RECORRER EL SENDERO HASTA LOS CRÁTERES!

• Escondite con gatos

En el centro de Santorini, encaramado en lo alto de una colina, hay un pueblecito que parece hecho a propósito para jugar al escondite: ¡Pyrgos!

Sus callejuelas suben, bajan, giran y se entrelazan como en un laberinto.

Y cada rincón esconde una sorpresa: una puerta secreta, un gato durmiendo dentro de una maceta, una pequeña iglesia con mil campanas...

Una vez que llegues a la cima, encontrarás un castillo construido en la Edad Media para proteger a los habitantes de los piratas.

NO TIENE TORRES NI ALMENAS, ¡PERO DESDE ALLÍ ARRIBA SE PUEDE DISFRUTAR DE UNA VISTA MAGNÍFICA!

RODAS

¡Bienvenido a la isla de los caballeros!

Rodas forma parte del Dodecaneso, un grupo de doce islas ubicadas en el mar Egeo, cerca de la costa turca.

SEGÚN UNA LEYENDA FUE ELEGIDA COMO RESIDENCIA POR EL DIOS DEL SOL APOLO Y QUIZÁ POR ESO SU CIELO ES AZUL DURANTE TRESCIENTOS DÍAS AL AÑO.

• El casco antiguo

El casco antiguo de Rodas es una de las ciudades medievales mejor conservadas de Europa: está rodeado de altas murallas dentro de las cuales serpentean callejones estrechos, torres, puentes de piedra y carteles antiguos. Pero el lugar más fascinante es el PALACIO DEL GRAN MAESTRO, un castillo enorme con patios, salas gigantescas y suelos decorados con mosaicos. Aquí vivían los Caballeros Hospitalarios, los defensores religiosos de la isla.

¿LO SABÍAS?
EL PUERTO DE LA ISLA ALBERGÓ EN SU DÍA EL LEGENDARIO COLOSO DE RODAS, UNA DE LAS SIETE MARAVILLAS DEL MUNDO ANTIGUO: UNA GIGANTESCA ESTATUA DE 33 METROS DE ALTURA QUE DABA LA BIENVENIDA A LOS BARCOS QUE LLEGABAN Y SIMBOLIZABA EL PODER DE LA CIUDAD.

• Petaloudes, el valle de las mariposas

En el corazón de Rodas, entre montañas y arroyos cristalinos, hay un lugar encantado que en verano se puebla de mariposas. Cada año, miles de *Euplagia quadripunctaria* (calimorfa) llegan aquí atraídas por los árboles ricos en savia dulce y aromática.

Y AQUÍ, DONDE LAS MARIPOSAS SE DETIENEN DESPUÉS DE UN LARGO VIAJE, TAMBIÉN NOSOTROS CONCLUIMOS NUESTRO VUELO ENTRE LAS BELLEZAS DE GRECIA. HA SIDO UN VIAJE A TRAVÉS DE LA HISTORIA, LA NATURALEZA Y LAS LEYENDAS, PERO NO TERMINA AQUÍ: SIEMPRE HABRÁ NUEVAS ISLAS POR EXPLORAR Y NUEVOS CAMINOS POR RECORRER...

KALI PERIPÉTEIA, ¡BUEN VIAJE!

¡Y QUE EL VIENTO TE LLEVE HACIA NUEVAS AVENTURAS!

LAURA RE

Nacida en Roma, asistió a la *Scuola Romana dei Fumetti*. Inmediatamente después, colaboró con estudios de animación, donde ocupó el puesto de diseñadora de personajes, artista conceptual e ilustradora. Tras asistir a la Escuela Internacional de Ilustración de Sàrmede, se trasladó a Milán para cursar el Máster en Ilustración de Mimaster. Aquí ha profundizado sus conocimientos sobre la edición y la ilustración infantil.

Maquetación: Valentina Figus

DANIELA CELLI

Nació en Florencia en 1977. Después de estudiar piano en el conservatorio Luigi Cherubini, se trasladó a Nueva York, donde empezó a estudiar Criminología. En 1997 regresó a Italia y se graduó en Derecho y obtuvo, además, un diploma en la *Accademia d'Arte Drammatica*. Siempre apasionada por los viajes, desde 2008 escribe en un blog sobre las aventuras con su familia viajando por todo el mundo.

© 2026 White Star s.r.l.
Piazzale Luigi Cadorna, 6
20123 Milán, Italia
www.whitestar.it

Licenciatario de National Geographic Partners, LLC.

NATIONAL GEOGRAPHIC and Yellow Border Design are trademarks of the National Geographic Society, used under license.

Traducción: Qontent
Edición: Yaiza Leal Cañizares

ISBN 978-88-540-6158-3
1 2 3 4 5 6   30 29 28 27 26

Impreso en China
por Shenzhen Dream Colour
Printing Company Limited,
Shenzhen, Guangdong

Glauka, la lechuza, vive entre las ruinas de la Acrópolis, pero le encanta deambular por toda Grecia descubriendo nuevas historias para contarlas a los niños y a las niñas. Es sabia y curiosa, le encanta bailar el *sirtaki* ¡y es muy golosa! Su plato favorito es el *baklava*, ¡crujiente y tan dulce como ella!

FSC
www.fsc.org

MIXTO
Papel | Apoyando la
silvicultura responsable
FSC® C178000